JEDNODUCHÉ DOMÁCE PIVO

100 neuveriteľných receptov na výrobu jedinečných a neodolateľných pív

Terézia Vícenová

Všetky práva vyhradené.

Vylúčenie zodpovednosti

Informácie obsiahnuté i majú slúžiť ako komplexná zbierka stratégií, o ktorých autor tejto e-knihy robil výskum. Zhrnutia, stratégie, tipy a triky sú len odporúčaním autora a prečítanie tohto eBooku nezaručí, že jeho výsledky budú presne odzrkadľovať autorove výsledky. Autor eKnihy vynaložil všetko primerané úsilie, aby poskytol aktuálne a presné informácie pre čitateľov eKnihy. Autor a jeho spolupracovníci nenesú zodpovednosť za žiadne neúmyselné chyby alebo opomenutia, ktoré môžu byť zistené. Materiál v eKnihe môže obsahovať informácie tretích strán. Materiály tretích strán obsahujú názory vyjadrené ich vlastníkmi. Ako taký, autor eKnihy nepreberá zodpovednosť za žiadne materiály alebo názory tretích strán. Či už z dôvodu rozvoja internetu alebo nepredvídaných zmien v politike spoločnosti a usmerneniach na predkladanie redakčných príspevkov, to, čo je uvedené ako fakt v čase písania tohto článku, môže byť neskôr neaktuálne alebo nepoužiteľné.
Elektronická kniha je chránená autorským právom © 2021 so všetkými právami vyhradenými. Je nezákonné redistribuovať, kopírovať alebo vytvárať odvodené diela z tejto eKnihy ako celku alebo jej častí. Žiadna časť tejto správy nesmie byť reprodukovaná ani opakovane prenášaná v akejkoľvek forme alebo v akejkoľvek forme bez písomného vyjadrenia a podpísaného súhlasu autora.

Sommario

ÚVOD 10

Pšeničné pivá 10

Pale Ale a Bitter 11

Porter 11

Stout 11

1. Banánové pivo 12

Zložka 12

2. Pšeničné pivo Alcatraz 14

Zložka 14

3. A & w koreňové pivo 15

Zložka 16

4. Cesnakové pivo 17

Zložka 17

5. Kalifornské obyčajné pivo 18

Zložka 19

6. Šesťhodinové koreňové pivo 20

Zložka 20

7. Pivo Maerzen 22

Zložka 22

8. Chatové pivo 24

Zložka 24

9. Brusnicové pivo 25

Zložka 26

10. Zázvorové pivo srdečné 27

Zložka 27

11. Paradajkový chladič piva 29

Zložka 29

PIVNÉ KOKTEJLY 31

12. Pivná margarita 31

13. Klasická Chelada 31

Ingrediencie 33

14. Michelada 34

Ingrediencie 34

15. Black Velvet Drink 36

16. Classic Shandy 38

17. Grapefruit Shandy 40

Ingrediencie 40

18. Jahodová uhorka 42

19. Beergarita 45

20. Bacardi Limetkový panák s pivom 47

21. Fidelito 49

22. Beermosa 51

23. Slnečný kotolník 53

24. Cinco 55

DEZERTY 57

25. Fudge z piva a kyslej kapusty 57

26. Pivné sušienky 59

27. Spice pivný koláč 61

28. Pivová syrová polievka s pukancami 63

29. Plnené jablká pečené v pive 65

Zložka 65

30.Cheddar & beer cheesecake 67
Zložka 67
31. Britské ovocné pivo 69
Zložka 69
32.Základný pivný chlieb 71
Zložka 71
33.Syrové pivné muffiny 73
Zložka 73
34.Kôprový pivný chlieb 75
OBČANY 77
35.Pivné orechy 77
36. Vyprážaná špargľa v pivnom cestíčku 79
37. Pomarančové sušienky 82
Zložka 82
38.Pivné rožteky 84
Zložka 84
39.Smokies v pive a mede 86
40. Cibuľové krúžky z pivného cesta 88
DIPS, NÁTERKY A KORENIA 90
41. Dip zo syra a piva 90
Zložka 90
42.Pivné cesto Tempura 92
Zložka 92
43.Nemecká Barbecue omáčka 94
Zložka 94
44.Základný mop na pivo 96

Zložka 9

45. Pivné cesto na ryby 9

Zložka 9

46. Pivo a eidamová nátierka 10

Zložka 100

47. Pivový dip zo syra a čili 10

Zložka 10

48. Pivná rybacia omáčka 10

Zložka 10

49. Pivná marináda na hovädzie mäso 10

Zložka 10

50. Mexická pivná salsa 10

LAHOVANÝ NÁDOB 11

51. Hovädzí prívarok s koreňovou zeleninou 11

Zložka 11

52. Aljašské jantárové pivo červené fazule 11

53. Pivo a čilská dusená hruď 11

Zložka 11

54. Pivo a praclíky kuracie -Perdue 11

Zložka 11

55. Kura z pivného cesta 11

56. Pivné cesto rybie poter 12

57. Pravé cestíčko platýzový smažiť 12

Zložka 12

58. Pivové cesto na vyprážané kura 12

Zložka 12

59. Pivné cesto na krevety a zeleninu 127
Zložka 127
60. Pivové cesto vyprážaná podošva 129
Zložka 129
61. Vyprážaná zelenina z pivného cesta 131
Zložka 131
62. Kura s mexickým pivom 133
Zložka 133
63. Pivné cesto halibut 134
64. Ryby a hranolky v pivnom cestíčku 137
Zložka 137
Pivné cesto 138
65. Pivné šampiňóny 139
Výťažok: 4 porcie 139
66. Pivový kastról z vrúbkovaných zemiakov 141
67. Divoká ryža v pive 143
68. Mäkké kraby z pivného cesta 145
Zložka 145
69. Večerové cesto kuracie prúžky 147
Zložka 147
70. Wok vyprážané kura na pive 149
71. Bravčové kotlety v pivovej teriyaki marináde 151
Zložka 151
72. Jahňacie kotlety s pivom a horčicovou omáčkou 153
Zložka 153
73. Pivné cesto chobotnice 155

Zložka 155

74. Hovädzie dusené na pive v hrnci 157

75. Pivové grilované krevety 155

Zložka 159

76. Pivové čili 161

77. Pivná saláma 162

78. Pivná pošírovaná poľská klobása 165

79. Pivná ryža 167

80. Pivový zemiakový šalát 170

Zložka 170

81. Hovädzie mäso na divokej ryži 172

Zložka 172

82. Pivná pečená kačica 174

83. Fašírky s omáčkou z piva 175

Zložka 177

84. Pivné krevety s cestovinami z anjelských vlasov 179

85. Nemecká pivná ryba 181

Zložka 181

86. Krevety v pive a šafránovom cestíčku 183

87. Škoricová Pivná polievka 186

Zložka 186

88. Sumec v pive 188

89. Pivo hore kura 190

Zložka 190

90. Mrkva v pive 192

Zložka 192

91. Upečené pivné hamburgery 194
Zložka **194**
92. Pivné pečené chlebíky 196
Zložka **196**
LAHOVANÉ POLIEVKY A DUŠENÉ GULÁRNE 198
93. Smotanová pivná polievka 198
Zložka **198**
94. Pivová polievka z cibule a cesnaku 200
Zložka **200**
95. Bacon 'n cheddar pivová polievka 203
Zložka **203**
96. Bavorské pivo cibuľová polievka 205
Zložka **205**
97. Belgický pivný guláš 207
Zložka **207**
98. Brokolicová pivová syrová polievka 209
Zložka **209**
99. Pivná polievka na pobreží 211
100. Biersuppe (pivná polievka) & cmar 215
Zložka **215**
ZÁVER 217

ÚVOD

Pivá so svojou sladkou, toastovou, sladovou alebo orieškovou chuťou môžu pridať hĺbku jedlám od raňajok po občerstvenie, dezerty a hlavné jedlá . . A nebojte sa, že sa opijete – prakticky všetok alkohol sa počas varenia vyparí. Tieto jedlá prinútia vašich hostí zaujímať sa, aká je tajná ingrediencia (a vracať sa pre viac!).

Rôzne pivá sa dobre spájajú s rôznymi jedlami, takže je dôležité naučiť sa rozdiely v chuti predtým, ako sa pustíte do kuchyne. Pivo možno rozdeliť do dvoch hlavných skupín: ale a ležiaky. Ale, pôvodné pivo, sa varí spôsobom, ktorý má za následok ovocné, zemité chute . Ležiaky využívajú modernejšie systémy varenia, aby boli ľahšie a suchšie. Každý druh piva má výrazne odlišnú chuť , ktorá sa dobre hodí k určitým jedlám. Nižšie nájdete rozpis niekoľkých bežných typov a niekoľko receptov, ktoré používajú každý z nich.

Pšeničné pivá

Pšeničné pivá sú svetlé, často nefiltrované (teda zakalené) a majú ovocnú, jemnú a chrumkavú chuť , ktorá sa hodí do šalátov a rýb.

Pale Ale a Bitter

Jeho chrumkavosť sa krásne prerezáva cez bohaté, mastné mäso, ako je divina. Svetlé pivo je silnejšie, s väčšou sýtosťou a hodí sa ku všetkému, od chleba a syra po ryby a hranolky.

Porter

obzvlášť dobre zachytáva chute v dusených pokrmoch.

Stout

Stout zvýrazňuje chute vo všetkom od mäkkýšov po dusené mäso. Vďaka svojim výrazným kávovým a čokoládovým tónom je tiež ideálny na miešanie do bohatých dezertov.

DOMÁCE PIVÁ

1. Banánové pivo

Výťažok: 35 pohárov

Zložka

- 5 zrelých banánov; kašou
- 5 pomarančov; šťava z
- 5 citrónov; šťava z
- 5 šálok cukrovej vody

Zmiešajte spolu a zmrazte. Naplňte veľký pohár do ⅓ (alebo viac) mrazenou zmesou a pridajte 7-Up, Sprite, Ginger ale atď.

2. Pšeničné pivo Alcatraz

Výťažok: 1 porcia

Zložka

- 3 libry sušený pšeničný extrakt
- 2 libry pšeničného sladu
- 1 libra jačmenného sladu
- 1 libra sušený sladový extrakt
- 2½ unce chmeľu Mt. Hood
- Wyeast Pšeničné pivné kvasnice

Dva dni vopred si urobte kváskový štartér. Rozdrvte tri kilá sladu a la Miller. Varte jednu hodinu, pričom na začiatku pridajte 1-½ unce chmeľu, ½ unce po 30 minútach a ½ unce po 5 minútach. Ochlaďte a vylejte droždie.

Fermentovať. Fľaša. Polovicu dávky (5 gal) som naplnil ⅓ šálkou kukuričného cukru a druhú polovicu ½ šálky ďatelinového medu. Po dvoch týždňoch bolo pivo skvelé. Pivo naplnené medom však bolo príliš sýtené.

3. A & w koreňové pivo

Výťažok: 1 porcia

Zložka

- ¾ šálky cukru
- ¾ šálky horúcej vody
- 1 liter studenej vody
- ½ čajovej lyžičky koncentrátu koreňového piva
- ⅛ čajovej lyžičky koncentrátu koreňového piva

V horúcej vode rozpustíme cukor. Pridajte koncentrát koreňového piva a nechajte vychladnúť.

Zmes koreňového piva zmiešajte so studenou slanou vodou, ihneď vypite alebo skladujte v chladničke v tesne uzavretej nádobe.

4. Cesnakové pivo

Výťažok: 1 porcia

Zložka

- ½ libry extrakt zo svetlého sladu
- 4 veľké cibule cesnaku olúpané a očistené
- 1 unca chmeľu Northern Brewer
- Londýnske pivo

Oddeľte a ošúpte strúčiky zo štyroch celých cibúľ cesnaku a zľahka narežte povrch strúčikov cesnaku, aby ste zväčšili povrch počas varu.

Pridajte extrakt, polovicu cesnaku a ½ unce chmeľu. Celkový var 60 minút

Po uvarení mladinu ochlaďte a vychladnutú mladinu preceďte do 6-½ galónovej primárnej nádoby. Po troch dňoch intenzívneho kvasenia v 6½ galóne

5. Kalifornské obyčajné pivo

Výťažok: 1 porcia

Zložka

- 3⅛ libier Superbrau Plain Light
- 3 libry Briess Gold DME
- ½ libry Krištáľový slad – drvený
- ¼ libry sladový jačmeň
- 1½ unce severského pivovarského chmeľu
- ½ unce kaskádového chmeľu -- posledných 5 min
- 1 balenie Wyeast 2112 alebo 1 ležiak Amsterdam
- 4 unce primárneho cukru

Vložte sladový jačmeň na plech na sušienky pri teplote 350 stupňov na 10 minút. Vyberte a zľahka rozdrvte valčekom. Rozdrvené zrná vložte do mušelínového vrecka, vložte do 1 gal studenej vody a priveďte do varu. Odstráňte zrná. Odstráňte hrniec z ohňa, pridajte sirup a DME a miešajte, kým sa nerozpustí.

Dajte späť na oheň a pridajte 1½ unce severského pivovarského chmeľu a varte 30-45 minút. Na posledných 5 minút varu pridajte ½ unce kaskádového chmeľu. Pridajte do 4 galónov studenej vody.

6. Šesťhodinové koreňové pivo

Výťažok: 1 porcia

Zložka

- 2 šálky cukru
- 1 lyžička droždie
- 2 polievkové lyžice extraktu z koreňového piva

Vložte ingrediencie do galónového džbánu s asi litrom veľmi teplej vody. Miešajte, kým sa zložky dobre nezmiešajú.

Dokončite naplnenie džbánu teplou vodou. Nechajte stáť šesť hodín (stačí položiť vrchnák na vrch, neskrutkovať). Na konci šiestich hodín priskrutkujte veko a dajte do chladničky.

7. Pivo Maerzen

Výťažok: 54 porcií

Zložka

- 4 libry svetlého sladu
- 3 libry ľahký suchý extrakt
- ½ libry kryštálového sladu (40 l)
- 2 unce čokoládového sladu
- ½ libry praženého sladu
- ½ libry mníchovského sladu

- 2 unce dextrínového sladu

- 2½ unce chmeľu Tettnanger (4,2 alfa)

- ½ unce kaskádového chmeľu (5,0 alfa)

- 3 čajové lyžičky   sadry

- Vierka kvasnice suchého ležiaka

Kvasnicový štartér pripravte 2 dni vopred

Pridajte 8 litrov vriacej vody a zohrejte na 154 stupňov. Nastavte aspoň 30 minút. Zahrejte na 170 stupňov po dobu 5 minút, aby sa kaša. Nalejte 2 galóny vody. Pridajte suchý extrakt, priveďte do varu. Varte 15 minút a pridajte jednu uncu Tettnangeru . Varte jednu hodinu. Po 30 minútach pridajte 1 uncu Tettnangeru . Po 5 minútach pridajte ½ unce Tettnanger a ½ unce Cascade. Precedíme a vychladíme.

8. Chatové pivo

Výťažok: 1 porcia

Zložka

- 1 Peck dobré pšeničné otruby
- 3 hrsť chmeľu
- 2 litre melasy
- 2 lyžice droždia
- 10 galónov vody

Vložte otruby a chmeľ do vody a varte, kým otruby a chmeľ neklesnú na dno. Precedíme cez tenkú tkaninu do chladiča.

Keď je asi vlažná, pridáme melasu. Hneď ako sa melasa rozpustí, nalejte všetko do 10-galónového súdka a pridajte droždie.

Keď sa fermentácia skončí, zazátkujte sud a bude hotový za 4-5 dní.

9. Brusnicové pivo

Výťažok: 1 porcia

Zložka

- 6 libier Extra svetlý suchý sladový extrakt
- 1 libra mníchovského sladu
- 1 unca varu Fuggles
- 3 vrecká mrazených brusníc
- 1 unca Fuggles ako chmeľ na dokončenie
- Kvasnice

Bobule rozmrazte a zmiešajte s dostatočným množstvom vody, aby sa vytvorilo niečo cez 2 litre kaše.

Medzitým si pripravte normálny extrakt z mníchovského sladu ako špeciálneho zrna.

Na konci hodiny varu pridajte chmeľ a na poslednú minútu alebo dve prilejte brusnicovú tekutinu, keď vypnete oheň.

Fľaša po týždni

10. Zázvorové pivo srdečné

Výťažok: 1 porcia

Zložka

- 2 unce koreňového zázvoru, olúpaný a nasekaný
- 1 libra granulovaného cukru
- ½ unce kyseliny vínnej
- Šťava z 1 citróna
- 1 citrón, nakrájaný na plátky

Zázvor, cukor, kyselinu vínnu a citrón dáme do misky a zalejeme 1 galónom vriacej vody. Miešame, kým sa cukor nerozpustí.

Nechajte asi tri alebo štyri dni, potom sceďte a tekutinu nalejte do sterilizovaných fliaš. Už po niekoľkých dňoch bude hotový a naozaj lahodný na pitie a dá sa celkom spokojne riediť neperlivou alebo perlivou vodou.

11. Paradajkový chladič piva

Výťažok: 6 porcií

Zložka

- 1½ šálky paradajkovej šťavy, vychladenej
- 2 plechovky (12 oz každá) piva

Obloha:

- zelené cibule
- omáčka z červenej papriky
- soľ a korenie

Zmiešajte 1 ½ šálky vychladenej paradajkovej šťavy a 2 plechovky (12 oz každá) vychladeného piva.

Nalejte do vychladených pohárov. Ihneď podávajte so zelenou cibuľkou na miešadlá a ak chcete, s omáčkou z červenej papriky, soľou a korením.

PIVNÉ KOKTEJLY

12. Pivná margarita

Výťažok: 1 porcia

Zložka

- 6 uncí konzervovaná mrazená koncentrovaná limetka
- 6 uncí tequily
- 6 uncí piva

Zmiešajte ingrediencie v mixéri, pridajte pár kociek ľadu a krátko rozmixujte. Nechajte niekoľko minút stuhnúť.

Obsah nalejte na ľad do soľného pohára.

13. Klasická Chelada

Ingrediencie

- 12 uncový mexický ležiak
- 1 unca (2 polievkové lyžice) limetkovej šťavy
- 1 štipka soli
- Ľad na servírovanie (skúste čistý ľad)
- Na okraj: 1 polievková lyžica každej jemnej morskej soli a
Old Bay

Inštrukcie

Na tanieri zmiešame Old Bay a soľ a rozotrieme do rovnomernej vrstvy. Vyrežte zárez do limetkového klinu a potom limetkou prejdite okolo okraja pohára. Ponorte okraj okraja do taniera so soľou.

Do pohára na pivo pridajte limetkovú šťavu a štipku soli. Naplňte pohár ľadom a nalejte pivo. Jemne premiešame a podávame.

14. Michelada

Ingrediencie

- 12-uncový mexický ležiak
- 1 ½ unce (3 polievkové lyžice) limetkovej šťavy
- ½ unce (1 polievková lyžica) šťavy salsy
- 1 lyžička Worcestershire omáčka
- 1 lyžička horúcej omáčky (ako Cholula)
- Ľad na servírovanie

Na tanieri zmiešame Old Bay, čili prášok a zelerovú soľ a rozotrieme do rovnomernej vrstvy. Vyrežte zárez do limetkového klinu a potom limetkou prejdite okolo okraja pohára. Ponorte okraj okraja do taniera s korením.

V pohári zmiešajte limetkovú šťavu, šťavu zo salsy (na precedenie salsovej šťavy z niekoľkých lyžíc salsy použite jemné sitko), worcesterskú omáčku a horúcu omáčku.

Naplňte pohár ľadom. Dolejte pivom a jemne premiešajte.

Inštrukcie

15. Black Velvet Drink

Ingrediencie

- 3 unce šumivého vína, ako je šampanské alebo Prosecco

- 3 unce silného piva ako Guinness

Nalejte sekt do flauty alebo highballu.

Nalejte stout. Ak chcete, premiešajte barovou lyžičkou alebo nechajte asi minútu postáť, aby sa chute spojili

Ihneď podávajte.

Inštrukcie
16. Classic Shandy

Ingrediencie

- 6 uncí svetlého piva alebo ležiaka
- 6 uncí zázvorového piva, zázvorového piva, citrónovo limetkovej sódy (Sprite) alebo šumivej limonády
- Na ozdobu: kolieska citróna (voliteľné)
- Voliteľné: 1 pomlčka horkej dodáva komplexnú chuť

Pridajte pivo a mixér do pohára a jemne premiešajte, aby sa spojili. Ozdobte kolieskom citróna.

Inštrukcie

17. Grapefruit Shandy

Ingrediencie

- 1 unca jednoduchého sirupu
- 3 unce grapefruitovej šťavy
- 2 unce sódovej vody
- 6 uncí remeselného pšeničného piva (alebo svetlého piva)
- Na ozdobu: grapefruitový plátok (voliteľné)

V pivnom pohári rozmiešajte jednoduchý sirup a grapefruitovú šťavu.

Pridajte sódovú vodu a pivo a jemne premiešajte, aby sa spojili. Ozdobíme kolieskom grapefruitu a podávame.

Inštrukcie

18. Jahodová uhorka

Ingrediencie:

- 6 oz Stella Artois Spritzer
- 1 oz gin
- ,5 oz likéru z bazových kvetov
- 2 plátky uhorky
- 2 jahody

Inštrukcie

V šejkri na koktaily dôkladne rozmixujte plátky uhorky a jahody. Pridajte gin, bazový likér a pretrepte na ľade.

Precedíme do pohára. Pridajte Stella Artois Spritzer.

Ozdobte napichanou uhorkovou stuhou a plátkom jahôd.

19. Beergarita

Ingrediencie:

- 1 oz. Tequila
- 1 oz. Tattersall Grapefruit Crema
- 0,5 unce Limetkový džús
- 6 oz. Svetlé pivo

Smery:

Zmiešajte všetky ingrediencie v pohári na ľade. Ozdobte plátkom limetky.

Soľný okraj voliteľný

20. Bacardi Limetkový panák s pivom

Ingrediencie:

- 12 dielov piva
- 1 diel Bacardi Lime

Nalejte pivo do pohára. Do panáku nalejte rum s príchuťou limetky BACARDÍ a potom nalejte do piva.

Smery:

21. Fidelito

Ingrediencie:

- 12 oz. Modelo Negra
- 1 ½ oz. Casa Noble Reposado Tequila
- ½ oz. PIMM'S ORIGINÁLNY Šálka č. 1
- 1 oz. limetkový džús
- 1 oz. vanilkový sirup
- 2 čiarky horká
- Listy mäty

Zmiešajte všetky ingrediencie v šejkri s ľadom, okrem Modelo Negra a lístky mäty.

Smery:

Pretrepte a nalejte na ľad. Top s Modelo Negra .

Zvyšné pivo podávajte s kokteilom. Ozdobíme lístkami mäty.

22. Beermosa

Ingrediencie:

- 6 oz pšeničné pivo
- 2 oz Cava
- 2 oz čerstvej vytlačenej grapefruitovej šťavy

Zmiešajte pivo a cava, pridajte grapefruitovú šťavu a premiešajte.

Smery:

23. Slnečný kotolník

Ingrediencie:

- 1 plechovka svetlého ležiaka
- 1,5 oz. z bourbonu
- Šumivá ľadová citrónová limetka
- Citrón (obloha)

V pollitrovom pohári nalejte pivo pod uhlom, aby ste odstránili hlavu. Pridajte 1,5 oz. z bourbonu. Navrch

Smery:

dáme Sparkling Ice Lemon Lime. Ozdobte kolieskom citróna.

24. Cinco

Ingrediencie:

- 12 oz. Modelo Negra
- 1 oz. reposado tequila s infúziou jalapeno
- 1 oz. Čilský likér
- 1 oz. čerstvá limetková šťava
- ½ oz. agáve
- Pikantná čili soľ
- Limetkové koleso

Smery:

Poháre s vysokým hrncom obložte pikantnou čili soľou. Do šejkra pridajte tequilu, čilský likér, čerstvú limetku a agáve.

Pretrepte a preceďte cez čerstvý ľad. Doplňte pivom.
Podávajte zostávajúce Modelo Negra s kokteilom.

Ozdobte pikantným čili soľným okrajom a kolieskom limetky.

DEZERTY

25. Fudge z piva a kyslej kapusty

Výťažok: 10 **Ingrediencia na porciu**

- ⅔ šálky masla
- 1½ šálky cukru
- 3 vajcia
- 1 lyžička vanilka
- ½ šálky kakaa

- 2¼ šálky preosiatej múky
- 1 lyžička prášku do pečiva
- 1 lyžička sódy
- 1 šálka piva
- ⅔ šálka kyslej kapusty
- 1 šálka hrozienok
- 1 šálka nasekaných orechov

Všetko rozmixujte.

Preložte do dvoch 8 alebo 9 palcových vymastených a múkou vysypaných tortových foriem. Pečieme pri 350 stupňoch 35 minút. Ochlaďte a zmrazte podľa potreby.

26. Pivné sušienky

Výťažok: 4 porcie

Zložka

- 2 šálky nebielenej múky
- 3 čajové lyžičky prášku do pečiva
- 1 lyžička Soľ
- ¼ šálky Skrátenie
- ¾ šálky piva

Predhrejte rúru na 450 stupňov F. Preosejte suché prísady. Kukuričný tuk krájajte, kým nebude mať konzistenciu kukuričnej múčky.

Primiešame pivo, zľahka prehnetieme a rozvaľkáme na hrúbku ½ palca. Pečieme 10 - 12 minút alebo do zlatista.

27. Spice pivný koláč

Výťažok: 12 porcií

Zložka

- 3 šálky múky
- 2 čajové lyžičky sódy bikarbóny
- ½ lyžičky Soľ
- 1 lyžička škorice
- ½ čajovej lyžičky nového korenia

- ½ lyžičky klinčekov
- 2 šálky hnedého cukru, balené
- 2 vajcia, rozšľahané
- 1 šálka Tuk
- 1 šálka hrozienok alebo nakrájaných datlí
- 1 šálka nasekaných pekanových/vlašských orechov
- 2 šálky piva

Preosejte spolu suché prísady. Krém spolu s tukom a cukrom; pridajte vajcia.

Ovocie a orechy zmiešame s 2 lyžicami múčnej zmesi. Striedavo pridávame múčnu zmes s pivom. Vmiešame ovocie a orechy.

Nalejte do vymastenej a múkou vysypanej 10-palcovej rúrkovej formy a pečte pri 350 F počas 1 hodiny, alebo kým sa nevykonajú testy koláča.

28. Pivová syrová polievka s pukancami

Výťažok: 7 porcií

Zložka

- ¼ šálky margarínu
- 1 šálka cibule; nasekané
- ½ šálky zeleru; nasekané
- ½ šálky mrkvy; nasekané
- ¼ šálky čerstvej petržlenovej vňate; nasekané
- 2 strúčiky cesnaku; mletý

- ¼ šálky múky
- 3 čajové lyžičky suchej horčice
- Paprika podľa chuti
- 2 šálky Pol na pol
- 1 šálka kuracieho vývaru
- 2½ šálky amerického syra
- 12 uncí piva
- 2 šálky popcornu; prasklo

Roztopte margarín vo veľkej panvici alebo holandskej rúre na strednom ohni. Pridajte všetko

Varte odokryté na strednom ohni 10-15 minút alebo kým polievka nezhustne a dôkladne sa nezohreje

29. Plnené jablká pečené v pive

Výťažok: 6 porcií

Zložka

- 6 médií Varenie jablk
- ½ šálky hrozienok
- ½ šálky baleného hnedého cukru
- 1 lyžička škorice
- 1 šálka Great Western Beer

Jadrové jablká

Odstráňte 1-palcový prúžok šupky okolo vrchu.

Zmiešajte hrozienka, hnedý cukor a škoricu. Vyplňte stredy jablk

Vložte jablká do pekáča. Nalejte Great Western Beer.

Pečieme pri 350 stupňoch F po dobu 40 až 45 minút alebo do mäkka, občas podlievame.

30. Cheddar & beer cheesecake

Výťažok: 16 porcií

Zložka

- 1 ¼ šálky omrviniek z gingernap
- 1 šálka plus 2 polievkové lyžice cukru, rozdelené
- 1 lyžička mletého zázvoru
- ¼ šálky nesoleného masla alebo margarínu,
- 24 uncí smotanového syra
- 1 šálka strúhaný syr čedar ostrý

- 5 veľkých vajec pri izbovej teplote
- ¼ šálky nealkoholického piva
- ¼ šálky ťažkej smotany

Zmiešajte sušienky, 2 polievkové lyžice cukru, zázvor a maslo. Pevne zatlačte na dno pripravenej panvice. Počas prípravy náplne ochlaďte.

Oba syry vyšľaháme do hladka. Pridajte cukor, vajcia, jedno po druhom, šľahajte, kým sa všetko nespojí. Pri nízkej rýchlosti prišľaháme pivo a hustú smotanu. Nalejte do pripravenej panvice.

Pečieme 1½ hodiny, alebo kým stred nie je stuhnutý a vrch jemne zlatistý, ale nezhnedne.

31. Britské ovocné pivo

Výťažok: 1 porcia

Zložka

- 3 ⅓ libry jantárového obyčajného sladu
- 2 libry jantárového piva M&F
- 1 libra Crustal slad, drvený
- 2 unce severského pivovarského chmeľu
- 1 unca Fugglesovho chmeľu

- 4 kilá Čučoriedky, maliny alebo
- 1 balenie EDME pivných kvasníc
- 4 unce primárneho cukru

Rozdrvené zrná vložte do mušelínového vrecka a vložte do 1 gal studenej vody. Priveďte do varu, odstráňte zrná.

Odstráňte hrniec z ohňa a pridajte sirup a DME. Miešajte, kým sa nerozpustí. Vráťte hrniec na ohrev a pridajte 2 unce severského pivovarského chmeľu. Varte 30-45 minút. Na posledných 5 minút varte pridajte chmeľové figy . Po dokončení varu pridajte ovocie do sladiny .

Nechajte lúhovať $\frac{1}{2}$ hodiny a pridajte 4 litre studenej vody.

32. Základný pivný chlieb

Výťažok: 1 porcia

Zložka

- 3 šálky múky
- 3¾ čajovej lyžičky prášku do pečiva
- 2¼ lyžičky Soľ
- 1 plechovka piva
- 1 lyžica medu

Formu na chlieb vymastíme. Zmiešajte múku, prášok do pečiva, soľ, pivo a med vo veľkej mise a miešajte, kým sa dobre nepremieša.

Pečieme v predhriatej 350 F rúre 45 minút. Zapnite stojan a nechajte vychladnúť.

33. Sýrové pivné muffiny

Výťažok: 6 porcií

Zložka

- 1 šálka viacúčelovej múky
- ¾ šálky nízkotučného syra Cheddar
- 4 čajové lyžičky cukru
- 1¼ lyžičky prášku do pečiva
- ¼ lyžičky sódy bikarbóny
- ¼ lyžičky soli

- ⅔ šálka piva

- 1 vajce, rozšľahané

Predhrejte rúru na 375 F

Nastriekajte 6 košíčkov na muffiny nepriľnavým sprejom na varenie.

Do odmerky zľahka nasypte múku; vyrovnať. V miske zmiešajte múku, syr, cukor, prášok do pečiva, sódu bikarbónu a soľ; dobre premiešame. Pridajte pivo a vajce; miešame, kým suché ingrediencie nezvlhnú. Cesto rovnomerne rozdelíme do vystriekaných košíčkov na muffiny, pričom každý naplníme asi do ¾.

Pečte pri 375 F po dobu 17 - 22 minút alebo kým nebude zlatohnedá a špáradlo vložené do stredu nebude čisté.
Podávajte teplé alebo pri izbovej teplote.

34. Kôprový pivný chlieb

Výťažok: 12 porcií

Zložka

- 3 šálky múky
- 1 lyžica cukru
- 1 ½ lyžičky prášku do pečiva
- ¼ lyžičky soli
- 12 uncí piva
-

3 lyžice čerstvého kôpru

Predhrejte rúru na 375 stupňov. Formu na chlieb vymastíme alebo postriekame rastlinným olejom v spreji. Múku, cukor, prášok do pečiva a soľ preosejeme do misky. Vmiešame pivo a kôpor. Cesto natrite do pripravenej formy a pečte v strede rúry 55 až 60 minút, alebo kým nebude hnedá na vrchu a nôž zasunutý do stredu nebude čistý.

Nechajte 10 minút postáť na panvici a potom nechajte vychladnúť na mriežke.

OBČANY

35. Pivné orechy

Výťažok: 1 porcia

Zložka

- 2 šálky surových arašidov (s kožou)
- 1 šálka CUKRU
- ½ šálky VODY
-

Pár kvapiek ČERVENÉHO potravinárskeho farbiva

Miešanie - Varte na ťažkej panvici na miernom ohni, kým sa neminie voda (asi 10-15 minút) Rozotrite na plech Pečte 1 hodinu pri 250 st.

36. Vyprážaná špargľa v pivnom cestíčku

Výťažok: 1 porcia

Zložka

- 1 každý na 2 libry špargle
- 1 šálka múky
- 1 plechovka piva
-
-

- Soľ a korenie

  Cesnakový prášok

  Okorenená soľ

Talianske korenie podľa chuti

- Olivový olej

Zmiešajte kvety a korenie. Pridajte pivo na vyprážanie ingrediencií a pomaly miešajte, kým nie sú dostatočne husté, aby sa prilepili na špargľu. Špargľu nakrájajte na dva palce alebo ju nechajte celú.

Vyprážajte na olivovom oleji do zlatista, raz otočte

-
-

37. Pomarančové sušienky

Výťažok: 1 porcia

Zložka

- 2¼ šálky múky
- 1 lyžica prášku do pečiva
- ¼ lyžičky soli
- ¾ šálky masla
-

½ šálky cukru

1 Vajcia

2 lyžičky Strúhaná pomarančová kôra

½ lyžičky mandľového extraktu

Zmiešajte múku, prášok do pečiva a soľ; odložiť.

Smotanové maslo a cukor, kým nebudú svetlé a nadýchané, zašľaháme vajce, pomarančovú kôru a mandľový extrakt. Pridajte suché prísady a šľahajte, kým sa nespoja.

Cesto nevychladzujte.

Cesto zabaľte do lisu na sušienky. Cesto pretlačte lisom na nevymastený plech. V prípade potreby ozdobte farebným cukrom alebo cukríkmi.

Pečieme pri 400 °C 6-8 minút. Odstráňte na drôtené mriežky a nechajte vychladnúť.

-
-

38. Pivné rožteky

Výťažok: 4 porcie

Zložka

- 1¾ šálky viacúčelovej múky
- 1½ lyžičky prášku do pečiva
- ½ lyžičky sódy bikarbóny
- ½ lyžičky Soľ
- 1 šálka baleného hnedého cukru

  ½ šálky piva

  1 vajce

- 3 lyžice oleja
- 1 lyžica melasy
- 1 fľašové pivo
- 1 lyžica masla (voliteľné)

Zmiešajte suché prísady. Vajíčko rozšľaháme s olejom a melasou. Pridajte k suchým ingredienciám spolu s pivom.

Lyžicou nanášame cesto na horúci a veľmi jemne vymastený plech

Roztiahnite zadnou stranou lyžice na priemer 3,5 až 4 palce. Varte do zhnednutia, raz otočte.

Na sirup zmiešajte ingrediencie v hrnci a varte minút.

-
-

39. Smokies v pive a mede

Výťažok: 6 porcií

Zložka

- 1 libra Miniatúrne smokie -links
- 12 uncí piva
- ½ šálky medu

Hnedé smokies na panvici dostatočne veľkej na to, aby sa do nej zmestili všetky ingrediencie

Smoky zalejeme pivom a medom a privedieme k varu.

Znížte teplo a prikryte.

Dusíme 15 minút. Preneste do servírovacej misky a postavte sa späť z cesta.

40. Cibuľové krúžky z pivného cesta

Výťažok: 2 porcie

Zložka

- 1 ⅓ šálky univerzálnej múky
- 1 lyžička Soľ
- ¼ lyžičky papriky
- 1 lyžica oleja
- 2 vaječné žĺtky

- ¾ šálky piva

- 2 veľké biele cibule nakrájané na 1/4 palca hrubé

- Olej na vyprážanie

Múku, soľ, korenie, olej a žĺtky spolu zmiešame. Postupne prišľaháme pivo. Pred použitím nechajte cesto 3½ hodiny odpočívať.

Nakrájajte cibuľu a namočte ju do cesta. Vyprážajte v oleji 375F do zlatista. Toto cesto sa dobre hodí aj na inú zeleninu okrem cibuľových krúžkov – a je skvelé aj na ryby.

DIPS, NÁTERKY A KORENIA

41. Dip zo syra a piva

Výťažok: 1 porcia

Zložka

- 1 šálka tvarohu; malý tvaroh
- 3 unce smotanového syra
- 2¼ unca Deviled šunka
- ¼ šálky piva; Nový Glarus Solstice
- ½ lyžičky Horúca omáčka
- 1 čiarka Soľ
- petržlen; na ozdobu

Všetky suroviny okrem petržlenovej vňate dáme do misky a vyšľaháme do hladka. Vložte do misy a ozdobte petržlenovou vňaťou

42. Pivné cesto Tempura

Výťažok: 1 porcia

Zložka

- 1¼ šálky múky
- 1 lyžička Soľ
- 1 lyžička Jemne mleté čierne korenie
- ½ lyžičky Cayenne
- 1 12-decový ležiak; (chladný)
- Rastlinný olej na vyprážanie; (360 stupňov F.)

Rýchlo šľahajte; nepreháňaj Mix! Nechajte hrudky a cesto ihneď použite.

43. Nemecká Barbecue omáčka

Výťažok: 12 porcií

Zložka

- 2 fľaše (14-oz) mačka
- 1 fľaša (12 uncí) chilli omáčky
- ½ šálky pripravenej horčice
- 1 lyžička Suchá horčica
- 1 lyžička Soľ
- 1 ½ šálky hnedého cukru; pevne zabalené

    2 lyžice čierneho korenia

- 1 fľaša (5-oz) steakovej omáčky
- ½ šálky worcesterskej omáčky
- 1 lyžica sójovej omáčky
- 1 fľaša (12 uncí) piva
- 2 čajové lyžičky mletého cesnaku

Zmiešajte všetky ingrediencie okrem cesnaku v hrnci a varte 30 minút na strednom ohni. Pred použitím pridajte mletý cesnak.

Posledných 15 minút grilovania mäso podlievame.

44. Základný mop na pivo

Výťažok: 3 porcie

Zložka

- 12 uncí piva
- ½ šálky jablčného octu
- ½ šálky vody
- ¼ šálky repkového oleja
- ½ strednej cibule, nakrájanej

- 2 strúčiky Strúčik cesnaku, mletý

  1 lyžica worcesterskej omáčky

- 1 lyžica suchého trenia

Zmiešajte všetky ingrediencie v hrnci. Nahrejte mop a používajte ho teplý.

45. Pivné cesto na ryby

Výťažok: 6 porcií

Zložka

- 1 šálka viacúčelovej múky
- ¾ lyžičky prášku do pečiva
- ½ lyžičky Soľ
- ½ šálky vody
- ½ šálky piva

- 1 každé vajce
- Rastlinný olej na vyprážanie

  2 libier Rybie filé

Jeden z najlepších receptov na cesto

V miske zmiešame múku, prášok do pečiva a soľ. V strede urobte studňu; zalejeme vodou, pivom a vajcom a šľaháme na hladké cesto. Nechajte stáť 20 minút.

Zahrejte olej vo veľkej panvici na 350 F

Rybie filé namáčajte v cestíčku a po jednom ich pridávajte do horúceho oleja. Varte asi 5 minút, raz alebo dvakrát otočte, kým nie sú zlaté a chrumkavé. Odstráňte na tanier vyložený papierovou utierkou.

46. Pivo a eidamová nátierka

Výťažok: 3 šálky

Zložka

- 2 7-oz kolieska syra Eidam
- 8 uncí kartónovej mliečnej kyslej smotany
- ¼ šálky piva
- 2 lyžičky Nasekaná pažítka
- Nasekaná pažítka

- Rôzne krekry

Priveďte syr na izbovú teplotu. Vystrihnite kruh z hornej časti každého syra, asi ½ palca od okraja. Odstráňte vyrezaný kruh parafínového povlaku

Opatrne vyberte syr a nechajte ½ palca syra neporušený, aby vytvoril škrupinu

Do nádoby mixéra alebo misky kuchynského robota vložte kyslú smotanu, pivo, pažítku a syr. Zakryte a spracujte do hladka, občas zastavte stroj, aby ste zoškrabali spodné strany.

Do škrupín nalejte lyžicu syrovej zmesi

Prikryte a chladte niekoľko hodín alebo cez noc.

Ak chcete, ozdobte pažítkou. Podávame s krekrami.

47. Pivový dip zo syra a čili

Výťažok: 1 porcia

Zložka

- 2 šálky strúhaného ostrého čedaru
- ¾ šálky piva (nie tmavého)
- 2 šálky strúhaného Jarlsbergu
- ½ šálky scedených konzervovaných paradajok
- 2 polievkové lyžice univerzálnej múky
- 1 fľaša nakladaného jalapeňského čili, mletého

-
- 1 malá cibuľa; mletý
- Tortilla chipsy ako príloha

    1 lyžica nesoleného masla

V miske premiešame syry s múkou a zmes si odložíme.

Vo veľkom ťažkom hrnci opečte na miernom ohni na masle cibuľu za stáleho miešania, kým nezmäkne, pridajte pivo, paradajky a jalapeňo a zmes 5 minút poduste.

Odloženú syrovú zmes pridajte po $\frac{1}{2}$ šálky k pivovej zmesi, po každom pridaní miešajte, kým sa syry neroztopia, a dip podávajte s hranolkami. Pripraví $4\frac{1}{2}$ šálky

48. Pivná rybacia omáčka

Výťažok: 1 porcia

Zložka

- 1 šálka majonézy
- ¼ šálky Catsup
- ¼ šálky piva
-
-

- 1 polievková lyžica pripravenej horčice

  1 lyžica citrónovej šťavy

  1 lyžička Pripravený chren

Spojte všetky ingrediencie.

Vychladíme a podávame s rybami.

49. Pivná marináda na hovädzie mäso

Výťažok: 8 porcií

Zložka

- 2 plechovky piva (12 oz alebo 10 oz plechovky)
- 2 lyžičky Soľ
- ½ šálky olivového oleja
- 1 lyžička mletého kajenského korenia

-
- 1 lyžica vínneho octu

    1 polievková lyžica pripraveného chrenu

    1 lyžička cibuľový prášok

    2 lyžice citrónovej šťavy

- 1 lyžička Cesnakový prášok

Všetky ingrediencie zmiešame a použijeme ako marinádu.

Potom použite ako podlievaciu omáčku na mäso, kým sa varí.

50. Mexická pivná salsa

Výťažok: 4 porcie

Zložka

- 4 kusy sušené ancho chilli
- 6 veľkých zrelých paradajok
- ¾ šálky bielej cibule nakrájanej na kocky
- 4 strúčiky cesnaku
-
-

-
- 1 lyžica hrubej soli

    ½ lyžičky čierneho korenia

    ½ šálky mexického piva

    ½ šálky nasekaných listov koriandra

Predhrejte rúru na 400 stupňov. Ancho namočíme do horúcej vody do mäkka, asi 10 až 15 minút. Vypustite vodu a stonky a semená chilli papričky . (Použite rukavice.) Paradajky, cibuľu, cesnak a chilli papričky vložte do pekáča a pečte v rúre 20 minút, kým šupky z paradajok nezhnednú.

Vyberte a vložte všetko do mixéra alebo kuchynského robota a krátko premiešajte, kým nebude pyré, ale stále hrubé. Nalejte do hrnca a priveďte do varu. Primiešame soľ, korenie a pivo. Odstráňte z tepla a pridajte koriandr. Podávajte teplé. Pripraví 4 šálky

LAHOVANÝ NÁDOB

51. Hovädzí prívarok s koreňovou zeleninou

Výťažok: 6 porcií

Zložka

- 2 libry Hovädzie dusené mäso
- 1 lyžica suchého tymiánu
- 1 polievková lyžica suchého rozmarínu
- ¼ šálky rastlinného oleja

-
-
- 2 lyžice masla

  1 šálka cibule; olúpané a nakrájané na kocky

  $\frac{1}{4}$ šálky múky

- 12 uncí tmavého piva
- 1 liter horúceho hovädzieho vývaru
- $\frac{1}{2}$ šálky drvených paradajok
- 2 lyžičky soli a 2 lyžičky korenia
- 1 šálka ošúpanej a na kocky nakrájanej mrkvy a zeleru
- 1 šálka ošúpanej a na kocky nakrájanej rutabagy
- 1 šálka ošúpaného a na kocky nakrájaného paštrnáka

Vo veľkom kastróle priveďte do varu a znížte teplotu na pomalé dusenie. Varte $\frac{3}{4}$ hodiny.

52. Aljašské jantárové pivo červené fazule

Výťažok: 6 porcií

Zložka

- 1 libra Červená fazuľa; varené
- ½ libry šunky; nakrájané na kocky
- ½ libry Hot link klobásy; nakrájané na kocky
- 3 stredné Jalapeňo čilské korenie
- 1 stredná cibuľa; nakrájané na kocky
- 1 polievková lyžica kreolského korenia
- 2 fľaše aljašského jantárového piva

-
-

½ šálky zeleru; nakrájané na kocky

½ šálky červenej papriky; nakrájané na kocky

Do hrnca alebo ťažkej 3-litrovej panvice priveďte všetky ingrediencie okrem fazule do varu a varte hodinu alebo dve. Pridajte fazuľu a dusíme ďalšiu hodinu alebo dve.

Nepoužívajte kreolské korenie vyrobené so soľou. Klobása a šunka poskytujú soľ a pri stole sa môže pridať viac.

V prípade potreby pridajte ďalšie papriky. Podávame s ryžou. Fazuľu scedíme a doplníme vodou, aby bola zakrytá a dusíme do mäkka.

53. Pivo a čilská dusená hruď

Výťažok: 1 porcia

Zložka

- 2 strúčiky cesnaku; mletý
- 2 čajové lyžičky mletého kmínu
- ¼ lyžičky škorice
- ¼ šálky plus 1 polievková lyžica. hnedý cukor
- 5 libier hrudníka
- 2 veľké cibule; nakrájame na plátky
- 1 šálka tmavého piva; alebo statný

-
-
  3 lyžice Paradajkový pretlak

  1 polievková lyžica konzervovaných chipotle chilli

- 10 malých červených zemiakov; znížiť na polovicu

- ½ libry baby mrkvy

Prvé 3 ingrediencie dôkladne premiešame. Hrudník potrieme zmesou korenia na zakrytie a položíme na fóliu.

Na mäso položte kolieska cibule. Zmiešajte ďalšie 3 ingrediencie a zvyšný hnedý cukor v miske. Nalejte na mäso.

Mäso pokvapkáme šťavou a pečieme ďalšiu hodinu.

Do panvice pridajte zemiaky a mrkvu. Pečieme asi 1½ hodiny, odokryté.

54. Pivo a praclíky kuracie -Perdue

Výťažok: 4 porcie

Zložka

- 1 Perdue kuracie mäso, nakrájané
- ⅓ šálky múky
- 1 lyžička papriky
- 2 lyžičky Soľ
- ¼ lyžičky zázvoru
- ¼ lyžičky papriky
- ½ šálky piva

-
-
  1 vajce

  ½ šálky jemne rozdrvených praclíkov

- ¼ šálky strúhaného parmezánu

- ¼ šálky kúskov drvenej slaniny

- 1 polievková lyžica sušených petržlenových vločiek

V miske zmiešame múku, papriku, soľ, zázvor a korenie. Pridajte pivo a vajce.

Zmiešajte drvené praclíky, parmezán, kúsky slaniny a petržlenovú vňať v plastovom vrecku. Kuracie kúsky namáčajte a pretrepte, aby sa obalili.

Pečte zakryté pri 350 F počas 30 minút

55. Kura z pivného cesta

Výťažok: 4 porcie

Zložka

- 1 šálka nepreosiatej múky
- 1 lyžica papriky
- ½ lyžičky Soľ
- 1 kv. kukuričný olej
- 1 šálka piva
- 3 libry kurča, nakrájané na časti

Vo veľkej miske zmiešame prvé 3 ingrediencie. Nalejte kukuričný olej do ťažkých 3 qt. panvicu alebo fritézu s náplňou nie viac ako do ⅓.

Zahrejte na strednom ohni na 375 stupňov

Keď ste pripravení na vyprážanie, postupne do zmesi múky vmiešajte pivo, až kým nebude hladké. Namáčajte kuracie mäso, 1 kus naraz, do cesta; otriasť prebytočné množstvo.

Smažte niekoľko kusov naraz; občas obraciame, 6 až 8 minút alebo kým nebude zlatohnedé a kuracie mäso nebude mäkké. Nechajte odkvapkať na papierových utierkach. Počas vyprážania zvyšných kúskov udržiavajte v teple.

56. Pivné cesto rybie poter

Výťažok: 1 porcia

Zložka

- 1 šálka Bisquick
- 1 lyžička Soľ
- 4 6 uncí piva
- ⅓ šálky kukuričnej múky
- ¼ lyžičky papriky
- 2 libry Rybie filé

Zmiešajte suché prísady a pridajte pivo, aby ste získali lepkavú konzistenciu na namáčanie. Rybu osolíme a namáčame v cestíčku. Vyprážajte pri 375 stupňoch, kým ryba nie je zlatohnedá.

57. Pravé cestíčko platýzový smažiť

Výťažok: 1 porcia

Zložka

- 1 šálka Bisquick
- 1 lyžička Soľ
- 4 6 uncí piva
- ⅓ šálky kukuričnej múky
- ¼ lyžičky papriky
- 2 libry Rybie filé

Zmiešajte suché prísady a pridajte pivo, aby ste získali lepkavú konzistenciu na namáčanie. Rybu osolíme a namáčame v cestíčku. Vyprážajte pri 375 stupňoch, kým ryba nie je zlatohnedá.

58. Pivové cesto na vyprážané kura

Výťažok: 1 porcia

Zložka

- ⅔ šálky múky
- ½ lyžičky Soľ
- ⅛ lyžičky papriky
- 1 vaječný žĺtok; zbitý
- ¾ šálky plochého piva

Zmiešame suché ingrediencie a odložíme bokom. Vyšľaháme vaječný žĺtok a pomaly pridávame pivo.

Postupne pridávame do suchej zmesi. Navlhčite kurča. Ponorte do ochutenej múky a potom namočte do cesta. Znova ponorte do ochutenej múky. Fry

59. Pivné cesto na krevety a zeleninu

Výťažok: 1 porcia

Zložka

- 2 šálky múky
- 2 šálky piva
- olej; na vyprážanie
- Ochutená múka; na bagrovanie
- krevety; ošúpané, odkované
- Cuketové pásiky

- Ružičky brokolice

V miske s múkou zašľaháme po malých množstvách pivo. Podľa potreby pridajte viac piva. Cesto prelejeme cez sitko a necháme hodinu odležať. Skontrolujte požadovanú konzistenciu a v prípade potreby pridajte viac piva.

V hlbokom hrnci rozohrejeme olej na 360 stupňov. Položku na vyprážanie vydlabte v ochutenej múke a potom ju ponorte do pivného cesta. Vyprážame dozlatista. Odstráňte na tanier vystlaný papierovou utierkou. Ihneď podávajte.

60. Pivové cesto vyprážaná podošva

Výťažok: 1 porcia

Zložka

- 2 libry Filet z podrážky
- ¾ šálky múky
- 1 lyžička prášku do pečiva
- ½ lyžičky cibuľového prášku
- ⅛ lyžičky bieleho korenia
- ½ šálky piva

    2 vajcia, tatárska omáčka z rastlinného oleja

- Cesto na toto vyprážané rybie jedlo je ľahké a chrumkavé s jemnou chuťou piva . Morský jazyk možno nahradiť iným rybím filé.

Rybu osušte papierovými utierkami. Každý kus rozrežte pozdĺžne na polovicu.

Spojte suché prísady. Pivo zmiešame s vajíčkami a 2 PL oleja a pridáme k suchým ingredienciám. Miešajte len do navlhčenia. Na panvici zohrejte $\frac{1}{4}$ palcový olej

Každý kúsok ryby ponorte do cesta a dobre potiahnite. Vyprážajte z oboch strán do zlatista. Podávame s tatárskou omáčkou. Urobte 6-8 porcií.

61. Vyprážaná zelenina z pivného cesta

Výťažok: 4 porcie

Zložka

- Olej
- 1 obálka Zlatá cibuľová polievková zmes
- 1 šálka nebielenej viacúčelovej múky
- 1 lyžička prášku do pečiva

  2 veľké vajcia

-
- ½ šálky piva, akékoľvek bežné pivo
- 1 polievková lyžica pripravenej horčice

Vo fritéze zohrejte olej na 375 stupňov F. Medzitým vo veľkej mise vyšľahajte zmes zlatej cibuľovej receptúry, múku, prášok do pečiva, vajcia, horčicu a pivo, až kým nebude hladká a dobre premiešaná. Nechajte cesto stáť 10 minút. Namočte odporúčanú zeleninu 'n' Things do cesta a potom opatrne vložte do horúceho oleja.

Smažte, otočte raz, až kým nebude zlatohnedá; scedíme na papierové utierky. Podávajte teplé.

62. Kura s mexickým pivom

Výťažok: 1 porcia

Zložka

- 1½ libry kuracie kúsky
- 2 zelené papriky nakrájané na tenké plátky
- 1 stredná cibuľa nakrájaná na tenké plátky
- 1 Nasekaný strúčik cesnaku
- 1 veľká nakrájaná paradajka
- 2 lyžice oleja
- 1 plechovka piva

- Soľ korenie

V hrnci rozohrejeme olej. Kurča posypte soľou a korením, vložte do oleja a opečte každý kúsok kurčaťa z každej strany do zhnednutia, kura vyberte a odložte. Na tom istom oleji opekáme cibuľku, zelenú papriku, paradajky a cesnak asi 2-5 minút. Pridajte kura a pivo, priveďte do varu, znížte teplotu a nechajte variť, kým kura nie je hotové a pivo sa takmer nevstrebe. Nenechajte zaschnúť. Podávame s prílohou z ryže.

63. Pivné cesto halibut

Výťažok: 1 porcia

Zložka

- pár kíl halibuta
- dostatok oleja na varenie, aby bolo možné vyprážať
- 1 šálka múky
- jedna 12-uncová fľaša piva
- 1 lyžica papriky
- 1 1/2 lyžičky soli

Na toto cesto sa najlepšie hodia kvalitné, svetlé pivá. Chuť tmavých pív je príliš silná.

Nakrájajte halibuta na 1 palec hrubé kúsky. Zahrejte olej v fritéze na 375 stupňov F. Pripravte cesto spojením zostávajúcich prísad. Namáčajte halibuta do cesta a kúsky po niekoľkých vhoďte do horúceho oleja. Varte kúsky rýb, kým nie je cesto zlatohnedé ~ len niekoľko minút. Halibut sa ľahko prepečie, preto sa snažte nepreháňať to. Odstráňte kúsky rýb z oleja a nechajte ich na papierovej utierke; podávajte horúce s vašimi obľúbenými prílohami.

64. Ryby a hranolky v pivnom cestíčku

Výťažok: 1 porcia

Zložka

- 1½ libry filé z tresky
- ⅓ šálky čerstvej citrónovej šťavy
- ½ mletej veľkej bielej cibule
- Soľ podľa chuti
- Paprika podľa chuti
- 6 stredne veľkých zemiakov

- Zeleninový olej

Pivné cesto

- ½ šálky múky
- 1 lyžička papriky
- kajenské korenie
- Sladový ocot (voliteľné)

Rybu nakrájajte na porcie a vložte do plochej misy. Rybu posypte citrónovou šťavou, cibuľou, soľou a korením podľa chuti, marinujte 1 hodinu. Umyte a ošúpte zemiaky; nakrájajte na prúžky a opláchnite v studenej vode: dobre sceďte. Zemiaky opečte v hlbokom oleji zahriatom na 375 °C, kým nebudú takmer mäkké; scedíme a rozotrieme na papierové utierky. Preosejte múku, 1 lyžičku. soľ, korenie a kajenské korenie podľa chuti do plochej misky; prach ryby v múke. Rybu namáčajte do pivného cesta a smažte do zlatista a chrumkava.

65. Pivné šampiňóny

Výťažok: 4 porcie

Zložka

- 24 húb
- 1 každé balenie zmesi cesta
- 1 šálka piva

Umyte huby a odrežte stonky, ale neodstraňujte úplne celú stonku.

Rozohrejte olej v hlbokej fritéze, ako je „Fry-Daddy" alebo hlboká panvica s dostatočným množstvom oleja na zakrytie

Cesto premiešajte podľa návodu na obale, s výnimkou použitia piva ako tekutiny namiesto vody alebo mlieka.

Vyprážajte ich dozlatista a osušte na papierových utierkach.

66. Pivový kastról z vrúbkovaných zemiakov

Výťažok: 8 porcií

Zložka

- 4 veľké červenohnedé zemiaky so šupkou
- 1 šálka cibule nakrájanej na plátky
- 1½ lyžičky Soľ
- 1 lyžička cesnakovej soli
- 2 čajové lyžičky papriky

- 2 polievkové lyžice univerzálnej múky
- 2 lyžičky Cukor
- 4 lyžice margarínu
- 1 libra švajčiarskeho syra, strúhaného

Zemiaky ošúpeme a nakrájame na $\frac{1}{8}$ palcové plátky. Maslom vymastený kastról navrstvíme $\frac{1}{4}$ zemiakov rovnomerne rozložených v miske. Zemiaky posypeme $\frac{1}{4}$ cibule.

Zmiešajte v malej miske soľ, cesnakovú soľ, cukor, papriku a múku. Dobre premiešajte. $2\frac{1}{2}$ čajovej lyžičky tejto zmesi rovnomerne nasypte na prvú vrstvu.

Potrieme 1 lyžicou masla nakrájaného na kúsky. Pokračujte v postupe pre ďalšie 3 vrstvy. Kastról zalejeme pivom a posypeme strúhaným syrom. Pečieme pri 350 stupňoch 1 hodinu.

67. Divoká ryža v pive

Výťažok: 4 porcie

Zložka

- ½ libry divokej ryže
- 1 plechovka piva (12 oz.)
- 6 plátkov slaniny
- 1 malá cibuľa, nakrájaná
-
-

1 plechovka Hovädzí vývar

1 plechovka Krémová hubová polievka

Divokú ryžu namočte cez noc do piva. Na panvici opečieme slaninu. Odstráňte slaninu; rozpadať sa. Opečte cibuľu v 1 to
   2 lyžice tuku zo slaniny

Zmiešame scedenú ryžu, hovädzí vývar, hubovú polievku, rozmrvenú slaninu a opraženú cibuľku. Nalejte do maslom vymasteného kastróla s objemom 2 litre. Kryt. Pečieme pri teplote 350 stupňov jednu hodinu. Odkryť. Pečieme 30 minút.

68. Mäkké kraby z pivného cesta

Výťažok: 6 porcií

Zložka

- 12 krabov, mäkkých
- 12 uncí piva; teplý
- 1¼ šálky múky
-
-

2 lyžičky Soľ

1 lyžička papriky

- ½ lyžičky prášku do pečiva

Nalejte pivo do misky; pridajte múku a potom zvyšok prísad. Dobre premiešajte. Cesto pripravte aspoň 1½ hodiny pred použitím, pretože odstátím zhustne. Kraby zľahka poprášte múkou; namáčať jednotlivo v cestíčku.

Vyprážajte pri 360 stupňoch 2-5 minút v závislosti od veľkosti. Kraby by mali byť zlatohnedé. Scedíme a podávame.

69. Večerové cesto kuracie prúžky

Výťažok: 1 porcia

Zložka

- 1 plechovka (12 uncí) piva
- 2 vajcia
- 1½ šálky múky
- 4 kvapky potravinárskej farby v odtieni vajec
-
-

Medovo horčicová omáčka

1 libra Kuracie prsia

- ¼ šálky horčice na dijonský spôsob
- ¾ šálky medu
- ¼ šálky majonézy

Zmiešajte pivo, vajcia a soľ v miske. Vmiešajte múku, ak je to potrebné, pridajte ďalšiu múku. Pridajte potravinársku farbu.

Pripravte medovo horčicovú omáčku.

Keď ste pripravení na varenie, predhrejte 1½ až 2 palce oleja v hlbokom hrnci alebo fritéze na 350 stupňov. Vyberte cesto z chladničky a dobre premiešajte.

Kuracie prúžky obalte v cestíčku, potom kliešťami jemne vložte do oleja, aby prúžky plávali.

70. Wok vyprážané kura na pive

Výťažok: 6 porcií

Zložka

- 3 až 3 1/2 - libry. kura
- 2 šálky múky
- 2 lyžičky prášok do pečiva
- 1 lyžička Estragón, vyprážaný
- ¼ čajovej lyžičky KAŽDÝ; soľ a korenie
-
-

1 vajce, rozšľahané

1 12 oz plechovkové pivo

Kuracie mäso dusíme v mierne osolenej vode 25 minút.

Otestujte wok na správnu teplotu pomocou kocky chleba. Mala by zhnednúť za 60 sekúnd. Zmiešajte múku, prášok do pečiva, estragón, soľ a korenie. Pridáme rozšľahané vajíčko a pivo. Miešame do konzistencie krému. Kuracie mäso namáčajte do cesta po niekoľkých kúskoch. Prebytočné cesto necháme odtiecť.

Kuracie mäso varte 5 až 7 minút, raz otočte, kým nebude pekne hnedé. Scedíme a udržiavame v teple.

71. Bravčové kotlety v pivovej teriyaki marináde

Výťažok: 6 porcií

Zložka

- ⅔ šálky sójovej omáčky
- ¼ šálky Mirin
- Alebo sladké sherry
- ¼ šálky jablčného octu
- ⅓ šálky cukru
- 2 lyžice čerstvého zázvoru

-
-
- ⅔ šálka piva (nie tmavého)

    6 palcov hrubé rebro alebo bedrá

    Bravčové kotlety

V hrnci skombinujte sójovú omáčku, mirin, ocot, cukor, koreň zázvoru a pivo a zmes varte, kým sa nezredukuje na približne 1 ⅓ šálky.

V plytkej zapekacej mise dostatočne veľkej na to, aby sa do nej zmestili bravčové kotlety v jednej vrstve, skombinujte bravčové kotlety a marinádu, kotlety otočte, aby sa dôkladne obalili, a nechajte kotlety marinovať.

Bravčové kotlety grilujte na naolejovanom rošte nastavenom asi 4 palce nad žeravým uhlím a polejte ich marinádou.

72. Jahňacie kotlety s pivom a horčicovou omáčkou

Výťažok: 4 porcie

Zložka

- 8 Kotlety jahňacie kotlety asi 3 unce každý
- 2 strúčiky cesnaku, olúpané a nakrájané na ha
- 1 lyžička Rastlinný olej
- Soľ a korenie podľa chuti
- 1 šálka hovädzieho vývaru
- 1 fľaša (12 oz) piva
- 1 lyžica melasy

-
-
    1 ½ lyžičky zrnitej horčice

    1 lyžička kukuričného škrobu

Jahňacie kotlety potrieme jednou z polovice cesnaku a potom kotlety jemne potrieme olejom a dochutíme soľou a korením.

Pridajte jahňacie mäso na panvicu

Medzitým nalejte do panvice hovädzí vývar a 1 šálku piva; vmiešame melasu a zvyšný cesnak. Priviesť do varu.

V malej miske zmiešajte kukuričný škrob a zvyšné pivo. Pridajte do omáčky na panvici a šľahajte do mierneho šľahania
zahustený. Skombinujte

73. Pivné cesto chobotnice

Výťažok: 4 porcie

Zložka

- 2½ libry chobotnice
- 1½ šálky ražnej múky
- 1 lyžica arašidového oleja
- Soľ a korenie podľa chuti
- 12 uncí piva

-
-
- 5 Vaječné bielky, vyšľahané do tuha, ale nie suché

  4 šálky Rastlinný olej

  2 zväzky kučeravej petržlenovej vňate

V miske zmiešame múku, 1 PL. arašidový olej, soľ a korenie a rozšľahajte, aby sa spojili. Po troškách prišľaháme pivo. Opatrne primiešame bielka . Zahrejte olej vo fritéze na 375 F. Do cesta ponorte chápadlá s krúžkami chobotnice a smažte v hlbokom tuku 2½ minúty. Nechajte odkvapkať na papierových utierkach. Udržovať v teple. Petržlen veľmi dobre osušte a vložte do hlbokého tuku na 20 sekúnd. Nechajte odkvapkať na uterákoch.

Umiestnite krúžok chobotnice na veľký tanier a navrch položte petržlenovú vňať.

74. Hovädzie dusené na pive v hrnci

Výťažok: 6 porcií

Ingrediencie:

- 3 libry chudé hovädzie dusené mäso nakrájané na kúsky

- 1 lyžička Soľ

- ½ lyžičky papriky

- 2 stredné cibule, nakrájané na tenké plátky

- 1 8 oz plechovky húb

- 1 12 oz plechovka piva

-
-
- 1 ČL octu

    2 kocky hovädzieho bujónu

    2 lyžičky cukru

- 2 strúčiky cesnaku, mleté
- 1 ČL tymianu
- 2 bobkové listy

Vložte hovädzie mäso do hrnca. Zmiešajte všetky ostatné ingrediencie a nalejte na hovädzie mäso. Varte pri nízkej teplote 8-10 hodín alebo pri vysokej teplote 4-5 hodín. Pred podávaním podľa potreby zahustite šťavu. Joyce hovorí, že na to používa múku alebo kukuričný škrob.

75. Pivové grilované krevety

Výťažok: 1 porcia

Zložka

- ¾ šálky piva
- 3 lyžice oleja
- 2 lyžice petržlenu
- 4 čajové lyžičky worcesterskej omáčky
- 1 strúčik cesnaku, mletá soľ a korenie
- 2 libry Veľké krevety v škrupinách

Zmiešajte pivo, olej, petržlenovú vňať, worčestrovú omáčku, cesnak, soľ a korenie. Pridajte krevety, premiešajte a prikryte.
Marinujte 60 minút.

Scedíme, odložíme marinádu

Umiestnite krevety na dobre vymastený stojan na brojlery; grilujte 4 minúty, 4-5 palcov od plameňa. Otočte a vyčistite; grilujte ešte 2-4 minúty alebo do svetloružovej.

76. Pivové čili

Výťažok: 1 porcia

Zložka

- 1 libra Kombinácia hovädzieho alebo hovädzieho / bravčového mäsa
- ¼ šálky čili prášku
- 2 čajové lyžičky mletého kmínu
- 1 lyžička mletého cesnaku
- 1 lyžička oregano
- 1 lyžička Cayenne alebo podľa chuti

- 1 plechovka (8-oz) paradajkovej omáčky

- 1 plechovka piva

- ½ cibule; nakrájané na kocky

Na troche oleja opečte cibuľu na miernom ohni do priehľadnosti, pridajte mäso a zohrejte na vysokú teplotu a opečte asi dve minúty, znížte teplotu na strednú teplotu a pridajte korenie naraz a premiešajte, aby ste získali chuť sušeného korenia, teraz pridajte paradajkovú omáčku a niekoľko minút povarte, čím sa zvýraznia chute paradajkovej omáčky varením niekoľko minút.

Teraz pridajte pivo, priveďte do varu a nechajte variť asi 1 hodinu alebo viac.

77. Pivná saláma

Výťažok: 10 libier

Zložka

- 3 libry hovädzie prsia na kocky nakrájané na kocky
- 7 libier šunky, na kocky, vrátane tuku
- 1½ lyžičky čierneho korenia
- 1 polievková lyžica mletého muškátu
- 1½ polievkovej lyžice rozdrveného horčičného semienka

- 2 čajové lyžičky cesnaku, jemne mletého

- 4 stopy veľké hovädzie črevá

Začnite údiť pri teplote asi 80 stupňov a postupne zvyšujte teplotu na 160. Malo by to trvať asi 4 hodiny. Fajčiť ďalšie 2 hodiny.

Ochlaďte ponorením do hrnca so studenou (nie studenou) vodou asi 5 minút, kým nevychladne na dotyk. Salámu poriadne osušíme a uložíme do chladničky.

78. Pivná pošírovaná poľská klobása

Výťažok: 4 porcie

Zložka

- 12 uncí piva
- 1 Kielbasa klobása, 1 1/4 libry.
- 1 Rastlinný olej
- 1 šťava z 1 citróna

Predhrejte gril. Umiestnite pivo na panvicu dostatočne veľkú, aby sa do nej zmestila klobása. Zahrejte do varu; znížiť teplo.

Napichnite klobásu a jemne ju položte v pive 4 minúty z každej strany. Vypustiť.

Ak používate vopred namočené čipsy alebo kúsky alebo iné dochucovadlá, posypte nimi horúce uhlie alebo kameň plynového grilu. Mriežku zľahka potrieme olejom. Klobásu jemne potrieme olejom.

Grilujte na stredne horúcom ohni 5 minút z každej strany. Podávajte: klobásu rozliatu v strede alebo nakrájanú na hrubé mesiačiky. Pred podávaním pokvapkáme citrónovou šťavou.

79. Pivná ryža

Výťažok: 6 porcií

Zložka

- ½ šálky nakrájanej cibule
- ½ šálky zelenej papriky; nasekané ● ½ šálky

    Maslo; roztopený

- 2 kocky Kocka kuracieho bujónu
- 2 šálky vriacej vody

- 1 šálka ryže; nevarené

¾ šálky piva

½ lyžičky Soľ

- ¼ lyžičky papriky

- ¼ lyžičky mletého tymiánu

Na masle opražíme cibuľu a zelenú papriku do mäkka

Bujón rozpustite vo vriacej vode; pridajte k zmesi cibule a zelenej papriky.

Primiešame pivo a dochutíme. Prikryte a varte na miernom ohni 30 až 40 minút alebo kým sa všetka tekutina nevstrebe.

80. Pivový zemiakový šalát

Výťažok: 8 porcií

Zložka

- 3 libry zemiakov
- 2 šálky zeleru nakrájaného na kocky
- 1 malá cibuľa, nakrájaná
- Soľ
- 1 šálka majonézy

- 2 lyžice pripravenej horčice
- ¼ lyžičky feferónovej omáčky

    ½ šálky piva

    2 lyžice nasekanej petržlenovej vňate

Pivo pridané do dresingu robí tento zemiakový šalát výnimočný.

Zemiaky uvaríme v šupke do mäkka. Keď vychladne, ošúpeme a nakrájame na kocky. Pridáme zeler a cibuľu a dochutíme soľou. Majonézu zmiešame s horčicou a feferónkovou omáčkou. Postupne primiešame pivo. Pridajte petržlenovú vňať.

Nalejte na zemiakovú zmes. Zľahka premiešame vidličkou.
Kľud.

-
-

81. Hovädzie mäso na divokej ryži

Výťažok: 8 porcií

Zložka

- 2½ libry čerstvej hovädzej hrude
- 1 lyžička Soľ
- ¼ lyžičky cesnakového prášku
- 1 fľaša (12 oz) piva
- 2 Med. Zrelé paradajky, nakrájané na plátky

- ½ šálky nakrájanej cibule
- 1 lyžička Paprika

    1 fľaša (12 oz) chilli omáčky

    Divoká ryža Amandine
- Petržlenové vetvičky

Hovädziu hruď vložte tučnou stranou nadol do hlbokého pekáča. Hrudník posypte cibuľou, soľou, korením a cesnakovým práškom. Hrudník polejeme čili omáčkou. Pevne prikryte a pečte v pomalej rúre (325 stupňov F.) 3 hodiny. Hrudník zalejeme pivom.

Hrudník položte na veľký servírovací tanier a obklopte ho amandinkou z divokej ryže. Ozdobíme nakrájanými paradajkami a petržlenovou vňaťou. Hrudník nakrájajte na veľmi tenké plátky a podávajte s horúcou tekutinou na varenie.

82. Pivná pečená kačica

Výťažok: 4 porcie

Zložka

- 1¾ lyžičky soli
- ¼ lyžičky sečuánskeho korenia
- libra kačica
- 1 plechovka piva; akýkoľvek druh, 12-oz

Zmiešajte soľ a korenie na malej panvici a opekajte na miernom ohni približne 5 minút, alebo kým soľ mierne nezhnedne a zrnká korenia slabo dymia. Miešajte.

Nechajte kačicu visieť 6-8 hodín alebo kým pokožka nevyschne. Pekáč vysteľte fóliou, aby odrážala teplo. Kačicu položte prsiami nadol a pomaly ju zalejte ⅓ piva a vtierajte ju do kože. Kačku otočte a nalejte a potrite zvyškom piva prsia, stehná, nohy a krídla.

Pečieme 1½ hodiny pri 400 stupňoch, potom 30 minút pri 425 stupňoch a nakoniec ďalších 30 minút pri 450 stupňoch.

83. Fašírky s omáčkou z piva

Výťažok: 6 porcií

Zložka

- 1,00 vajcia; zbitý
- 1 plechovka kondenzovaného syra čedar
- 1 šálka mäkkej strúhanky
- ¼ lyžičky soli
- 1 libra mletého hovädzieho mäsa alebo skľučovadla
- 1 stredná cibuľa; nakrájané na tenké plátky

-
-
- ½ šálky piva

    ½ lyžičky oregano; sušené, drvené

    Dash Peppercorns

- Varené rezance alebo ryža

V malej miske zmiešajte vajíčko a ¼ šálky polievky.
Vmiešame strúhanku.

Do zapekacej misy s rozmermi 12 x 7,5 x 2 " dáme cibuľu oddelenú na kolieska. Prikryjeme

Skombinujte zvyšnú polievku, pivo, oregano a korenie. Zmes zalejeme polievkovou zmesou. Pečieme.

84. Pivné krevety s cestovinami z anjelských vlasov

Výťažok: 1 porcia

Zložka

- 1 libra kreviet, kôra a zbavená
- 1 fľaša (12 uncí) svetlého piva
- 1 šálka vertikálne nakrájanej cibule
- 1½ čajovej lyžičky nastrúhanej citrónovej kôry
- ½ lyžičky Soľ
- ¼ lyžičky čierneho korenia
- 1 strúčik cesnaku, mletý

-
-
    2 polievkové lyžice extra panenského olivového oleja

    2 lyžice citrónovej šťavy
- 4 šálky Horúce varené cestoviny z anjelských vlasov
- Čerstvá mletá petržlenová vňať

Priveďte pivo do varu v holandskej rúre na vysokej teplote. Pridajte krevety; prikryjeme a varíme 2 minúty. Odstráňte krevety pomocou štrbinovej lyžice; odstavíme a udržiavame v teple. Pridajte cibuľu a ďalších päť prísad na panvicu; priviesť do varu.

Varte odkryté 4 minúty

Odstráňte z tepla; za stáleho miešania drôtenou metličkou postupne pridávame olej a citrónovú šťavu. Pridajte cestoviny; dobre hodiť.

85. Nemecká pivná ryba

Výťažok: 1 porcia

Zložka

- 1 Celý kapor
- 2 lyžice masla
- 1 stredná cibuľa, nakrájaná
- 1 stonkový zeler, nasekaný
- ½ lyžičky soli a 6 zrniek korenia
- 3 celé klinčeky
- 4 plátky citróna
- 1 Bobkový list

-
-
    1 fľašové pivo

    6 zázvorových lupín, rozdrvených

- 1 lyžica cukru čerstvá petržlenová vňať

Na panvici rozpustíme maslo. Pridajte cibuľu, zeler, soľ, korenie a klinčeky a premiešajte. Navrch dáme plátky citróna a bobkový list. Na vrch položte rybu. Pridajte pivo. Prikryjeme a dusíme 15-20 minút,

Vložte zázvorové lupienky a cukor na panvicu, vmiešajte $1\text{-}\frac{1}{2}$ šálky precedenej tekutiny.

Rybu ozdobíme petržlenovou vňaťou. Ako prílohu dáme omáčku na preliatie rýb a varené zemiaky.

86. Krevety v pive a šafránovom cestíčku

Výťažok: 1 porcia

Zložka

- 2 libry Nevarené krevety
- 7 uncí hladkej múky
- 1 štipka morskej soli/papriky
- 12 prameňov šafranu; (namočené v horúcej vode)
- 16 tekutých uncí Ale
- Olivový olej na vyprážanie

-
-
- 1 kolieska citróna a aioli

Z piva, korenia a múky vypracujeme hustú hmotu a necháme 30 minút odpočívať. Mala by mať konzistenciu bielej omáčky.

Krevety ošúpeme a necháme na nich chvost a rybu ponoríme do cesta, prebytočnú časť z nich vytrasieme a smažíme 2 minúty na rozpálenom oleji a scedíme na kuchynskom papieri.

Podávame s kolieskami citróna.

87. Škoricová Pivná polievka

Výťažok: 4 porcie

Zložka

- 1½ polievkovej lyžice (kopcovej) múky
- 50 gramov masla (3 1/2 lyžice)
- 1 liter piva
- 1 malý kúsok škorice
- Cukor podľa chuti

- 2 vaječné žĺtky

- ⅛ liter mlieka (1/2 šálky plus 1/2 polievkovej lyžice)

- Opekaný biely francúzsky chlieb

Na masle opražíme múku a potom pridáme pivo. Pridajte škoricu a cukor a priveďte do varu. Žĺtka a mlieko vyšľaháme a vmiešame do horúceho (nie však už vriaceho) piva. Precedíme a podávame s opečenými krajcami chleba.

88. Sumec v pive

Výťažok: 1 porcia

Zložka

- 3 lyžice masla alebo margarínu
- 5 nasekaných strúčikov cesnaku
- 3 nasekané zelené cibule
- 2 filety zo sumca, veľké
- ⅓ šálky múky

- 4 huby, veľké, nakrájané na plátky
- 3 unce Pivo, svetlé
- ½ každého citróna
- 1x Worcestershire omáčka
- 1 x ryža, biela

Na masle orestujeme nadrobno nakrájaný cesnak a cibuľu

Sumček zľahka pomúčime, pridáme na panvicu s hubami. Nalejte pivo a ošetrite filé šťavou z polovice citróna. Pridajte pár kvapiek Worcestershire. Orestujte na strednom ohni, otáčajte, kým nie je hnedá z oboch strán

Podávame na horúcich tanieroch s ryžou. Na ryžu použite panvovú omáčku.

89. Pivo hore kura

Výťažok: 1 porcia

Zložka

- Celé kura
- Korenie
- Suché trenie

Získajte kurča. Potrieme obľúbeným korením vrátane
Paprika a soľ

Získajte 16oz plechovku piva. Vypite asi ½ piva.

Vložte kurča do plechovky. Postavte kurča na gril.

Úďte pri teplote asi 275 stupňov, kým sa paličky ľahko neotáčajú. Zvyčajne asi 5 alebo 6 hodín

90. Mrkva v pive

Výťažok: 4 porcie

Zložka

- 4 mrkvy; veľký
- 1 lyžica masla
- 1 šálka tmavého piva; akejkoľvek značky
- ¼ lyžičky soli

1 lyžička Cukor

Ošúpte a nakrájajte mrkvu na dlhé tenké plátky.
V stredne veľkej panvici roztopte maslo;
pridajte pivo a mrkvu.

Za častého miešania pomaly varíme do mäkka.
Vmiešame soľ a cukor. Varte ďalšie 2 minúty a
podávajte horúce.

-
91.Upečené pivné hamburgery

Výťažok: 6 porcií

Zložka

- 2 libry mletého hovädzieho mäsa
- Dash Pepper
- 1 lyžička omáčky Tabasco
- 1 strúčik cesnaku, rozdrvený
- ⅓ šálky chilli omáčky

½ balenia Suchá cibuľová polievková zmes

- ½ šálky piva

Predhrejte rúru na 400'F.

Skombinujte mäso, korenie, omáčku Tabasco, cesnak, chilli omáčku, zmes suchej cibuľovej polievky a ¼ šálky piva. Vytvarujte do 6 placiek.

Pečieme pri 400'F do hneda, asi 10 minút. Podlejeme zvyšnou ¼ šálkou piva.

Pokračujte v pečení ďalších 10-15 minút, kým nie sú dobre hotové.

92. Pivné pečené chlebíky

Výťažok: 3 porcie

Zložka

- 4 libry vykostená hovädzia pečienka
- 1 malá fľaša mačičky
- 1 plechovka piva
- Soľ podľa chuti
- Paprika podľa chuti

Cesnak podľa chuti

Vložte pečienku do skleneného alebo smaltovaného pekáča. Posypte korením. Nalejte pivo a kečup. Prikryte a vložte do rúry vyhriatej na 350 stupňov na 1 hodinu alebo viac, kým nezmäkne.

Nakrájajte na tenké plátky na teplú sendvičovú žemľu a nalejte na mäso omáčku. Podávajte teplé.

LAHOVANÉ POLIEVKY A DUŠENÉ GULÁRNE

93. Smotanová pivná polievka

Výťažok: 4 porcie

Zložka

- 12 uncových fliaš piva (1 tmavá a 2 svetlé)
- 1 lyžica cukru
- ½ lyžičky bieleho korenia
- ¼ lyžičky Každá škorica a soľ

⅛ lyžičky muškátového orieška

3 vajcia, oddelené

½ šálky ťažkej smotany

Do hrnca nalejte pivo, vmiešajte cukor a korenie a priveďte do varu. Vaječné žĺtky rozšľaháme do smotany, pridáme do zmesi trochu horúceho piva, dobre prešľaháme a zmes vlejeme späť do zvyšku piva za stáleho šľahania drôtenou metličkou na veľmi miernom ohni, aby sa nezrazilo. Dáme do chladničky do vychladnutia.

Keď budeme môcť podávať, vyšľaháme z bielkov tuhý, ale nie suchý sneh a vmiešame ich do polievky.

-
-

94. Pivová polievka z cibule a cesnaku

Výťažok: 1 porcia

Zložka

- 4 libry cibule; (asi 10), nakrájané na plátky
- 4 veľké strúčiky cesnaku; mletý
- 2 lyžice olivového oleja
- 12-uncová fľaša piva (nie tmavé)

5¼ šálky hovädzieho vývaru

2 lyžice Cukor

-
-

- 2 lyžice nesoleného masla

  4 plátky jednodňový ražný chlieb; kôrky vyradené

- Čerstvo nastrúhaný parmezán

V silnom kotli opečte na miernom ohni na oleji cibuľu a cesnak za občasného miešania, kým zmes nezhnedne.

Vmiešajte pivo a vývar; zmes dusíme prikrytú 45 minút a vmiešame cukor, soľ a korenie podľa chuti. Kým sa polievka dusí, na ťažkej panvici na miernom ohni rozpustíme maslo, pridáme kocky chleba a za miešania varíme, kým nie sú zlatisté.

Rozdeľte polievku do 6 misiek a doplňte ju parmezánom a krutónmi.

95.Bacon 'n cheddar pivová polievka

Výťažok: 33 porcií

Zložka

- 6 uncí rastlinného oleja
- 1½ libry cibule; nahrubo nasekaný
- 1¼ libry zemiakov; nakrájané na kocky
- 1 libra mrkvy; nakrájané na kocky
- 1 libra zeleru; nakrájané na plátky
-
-

-
-
    - 1 syrová omáčka Bacon 'n Cheddar
    - 2 poháre piva
    - 1 liter kuracieho vývaru
    - $1\frac{1}{4}$ libry miešanej zeleniny; zmrazené
- $\frac{1}{2}$ lyžičky papriky
- $\frac{1}{2}$ lyžičky bieleho korenia
- $\frac{1}{4}$ lyžičky príchuť Liquid Smoke
- 2 lyžice petržlenu; nasekané

Vložte rastlinný olej do veľkej nádoby. Pridajte cibuľu, zemiaky, mrkvu a zeler; dusíme 25 – 30 minút alebo kým sa zelenina neuvarí.

Pridajte zvyšné ingrediencie. Dôkladne premiešajte. Varte 20 minút na miernom ohni za občasného miešania. Podávajte horúce.

96. Bavorské pivo cibuľová polievka

Výťažok: 6 porcií

Zložka

- 1 Bobkový list
- ½ čajovej lyžičky sušenej bazalky/tymiánu/oregana
- ½ lyžičky feniklového semena
- ½ lyžičky mletého muškátového oriešku
- ¼ šálky čierneho korenia
-
-

-
-
    - 5 cibule; nakrájané na 1/4" hrubé
    - 1 čajová lyžička cesnaku; rozdrvený
    - 3 lyžice masla
    - 1 ½ šálky plzenského piva
- ½ lyžičky Maggi korenia
- 4 polievkové lyžice

Zmiešajte bobkový list, bazalku, tymian, oregano, feniklové semiačka, muškátový oriešok a zrnká korenia v kúsku gázy a previažte povrázkom.

Cibuľu a cesnak orestujte na masle do tmavohneda

Preložíme do hrnca a pridáme vodu a pivo. Priviesť do varu. Pridajte vrecúško s korením, korenie Maggi a hovädzí základ.

Pomaly dusíme 30 minút

-
-

97. Belgický pivný guláš

Výťažok: 1 porcia

Zložka

- 3 libry Chuck pečienka
- 1 Údená šunka päty
- ½ šálky oleja
- 1 veľká cibuľa; na tenké plátky
- 3 lyžice múky
- Pivo

-
-
    - 1 pohár Hovädzí vývar
    - ½ lyžičky čierneho korenia
    - 2 lyžičky cukru
    - 2 lyžice petržlenových vločiek
- 1 štipka majoránu a 1 štipka tymiánu
- 1 strúčik cesnaku; jemne nasekané
- 4 mrkvy; nakrájajte na 1" kúsky
- ¾ šálky vlašských orechov
- 2 lyžice octu z červeného vína
- 2 lyžice škótskej whisky

Hnedé hovädzie mäso a šunka na oleji vo veľkej panvici

Múku preosejeme do oleja na svetlohnedú zápražku. Postupne pridávame hovädzie mäso

Pridajte ostatné ingrediencie. Prikryte a varte 2 ½ hodiny

98. Brokolicová pivová syrová polievka

Výťažok: 10 porcií

Zložka

- 4 šálky vody
- 1 cibuľa, malá; nasekané
- 1 libra brokolice, čerstvá
- 1 unca Bouillon, hovädzie mäso; granule
- ¾ šálky margarínu

-
-

    1½ šálky múky

    ¼ lyžičky cesnakového prášku

    ¼ lyžičky Korenie, biele

    Cayenne; ochutnať

- 2 libry čedaru; kocky
- 4 šálky mlieka
- 2 unce piva

Vo veľkom hrnci na polievku priveďte do varu vodu a cibuľu. Pridajte korenie a polovicu brokolice. Opäť priveďte do varu. Pridajte polievkový základ a znížte oheň. V samostatnom hrnci pripravte zápražku.

Keď zápražka zhustne, postupne vmiešame do polievky a šľaháme drôtenou metličkou, aby sme sa vyhli hrudkám. Mlieko a syr za stáleho miešania zohrejte tesne pod bod varu, kým sa syr neroztopí.

Vmiešame do polievky a pridáme zvyšnú brokolicu.

-
-

Tesne pred podávaním pridáme pivo. Dobre premiešajte.

99. Pivná polievka na pobreží

Výťažok: 6 porcií

Zložka

- 1 šálka Kondenzovanej paradajkovej polievky
- 1 šálka Kondenzovanej polievky zo zeleného hrášku

-
-
- 12 uncí Veľkého západného piva
- ¼ lyžičky cesnakovej soli
- 1 šálka drobných kreviet

- 1 šálka Pol na pol alebo smotana

Vložte kondenzované polievky do hrnca; zamiešať pivo.

Pridajte cesnakovú soľ.

Zahrejte do varu, miešajte do hladka

Dusíme 3 až 4 minúty.

Tesne pred podávaním pridáme nescedené krevety a pol na pol. Zahrejte na teplotu podávania; nevarte.

100. Biersuppe (pivná polievka) & cmar

Výťažok: 1 recept

Zložka

- 2 šálky sladkého mlieka
- 2 čajové lyžičky kukuričného škrobu
- ½ šálky cukru
- 3 vaječné žĺtky
- 3 vaječné bielka

- 2 šálky piva

Oparené mlieko. Zmiešajte kukuričný škrob a cukor, pridajte rozšľahané žĺtky a dôkladne premiešajte a potom pomaly vmiešajte do mlieka.

V samostatnej panvici oparte pivo. Zmiešajte s mliečnou zmesou. Do vyšľahaných bielkov pridáme 1 polievkovú lyžicu cukru a hromadíme po lyžiciach na vrch polievky.

ZÁVER

Prednosti varenia a nalievania piva siahajú ďaleko za hranice otvorenia studeného po dlhom dni. Zápary všetkých odtieňov sa dajú použiť aj pri varení...

Veľmi stojí za to venovať čas a námahu zladiť pivo s jedlom. Rovnaký princíp platí pri použití vína na dodanie tela a chuti pokrmom a pivo je (zvyčajne) lacnejšie ako vino. Keďže pivo je také zložité, mali by ste pre vhodné recepty používať rôzne odtiene a štýly a táto kniha vám poskytla nápady, ako začať!

www.ingramcontent.com/pod-product-compliance
Lightning Source LLC
Chambersburg PA
CBHW050022130526
44590CB00042B/1543